Spéciale dédicace aux Vésuliens Verts.

Les poubelles de Noël

On a emménagé depuis peu et on commence à sympathiser avec nos voisins...
... et là-bas, on fait du compost...
Très joli...
Ça donne un petit charme médiéval à votre maison...
C'est chouette d'arriver dans une nouvelle ville.
Khaaa...
C'est très bon pour le jardin et ça réduit la quantité de déchets à traiter.
Tu fais pas ça toi ?
Ben non...
C'est pas la peine...
...je mets tout dans la poubelle...
... et après c'est trié à la déchetterie : ils séparent les déchets verts du reste des ordures, et eux, ils en font du compost.
Oué !
Regardez les amis, un trognon de pomme !
Formidable !
Sensass
Oué !
On fait des nouvelles rencontres...
Ben quoi ?
C'est pas comme ça que ça se passe ?
Ben en fait les poubelles remplies avec tes épluchures et tous tes déchets traversent tout le département dans des camions qui polluent jusqu'à l'incinérateur...
...Où tout est brûlé.
Même les épluchures ?
... et de nouvelles expériences : c'est la première fois que j'apprends à un adulte que le père Noël n'existe pas.

Monsieur Carpucci

Monsieur Carpucci est notre propriétaire.
Bonyouuur!
Yé vous ai apporté oune sourprise !
Monsieur Carpucci est très serviable.
Oooh merci Monsieur Carpucci!
Qu'est-ce que c'est?
Dou diesel.
...C'est pour mettre au pied de la vigne vierge qui fait dé la salopetie sour les mours.
Ça va la touer net.
C'est gentil... mais euh...
On va la tailler la vigne vierge... Vous en faites pas...
Monsieur Carpucci est très gentil.
Bonjouur!
Yé apporté des cérises pour les enfants.
Comme c'est gentil!
Tenez les garçons...
et dites merci à Monsieur Carpucci!
Merci Monsieur Crapoutchi.
Yé réviendrai demain pour traiter les arbres et pour touer les poucérons.
hum... Vous savez, on est plutot écolo...
On va s'en occuper, on va mettre des produits naturels...
Ma cé des conneries tout ça!
Yé mets plein d'insecticide sour les cérises...
... et ça n'a yamais fait dé mal à personne...
Maman...
J'ai mal au ventre...
... Oui, c'est assez courant... La plupart des enfants ont mal au ventre après avoir mangé un kilo de cerises...
Voilà.
Ça fera 65 euros.
scritch scr...
SOS Médecins
glou glou glou
Monsieur Carpucci est mon pire cauchemar.

Apolitiquement correct

Ça faisait super longtemps que je n'étais pas allé en festival avec David.
David CHAUMEL ?
Absolument.
Et lui c'est Michel PEDROSA.
arrêt minute
Festibulle
gare
On se connait vachement bien, mais il arrive toujours à me surprendre.
Et alors ici, c'est une mairie de gauche ou de droite ?
...Histoire de savoir si on reste ou pas...
C'est une mairie apolitique.
Ah d'accord.
C'est une mairie de droite alors...
Faire des ronds-points ou gérer des écoles, c'est ni de droite ni de gauche.
Ah ben si vous le dites...
ZZZZZ
Par exemple ici il y a un projet de rocade pour que les bagnoles puissent faire le tour de la ville.
Droite ou gauche, tout le monde est d'accord.
Sauf ces connards d'écolos bien sûr...
La magie des festivals...
Je suis là depuis un quart d'heure, et je sens déjà que je vais me faire un nouveau copain...

Top of the biotope

Au début, j'étais contre.
Bon, les garçons...
L'eau c'est super précieux, ça coûte cher, et c'est pas fait pour les piscines.
J'espère que vous vous en rendez bien compte et que vous ne la gaspillerez pas !
glou glou glou
Parce que là, on consomme autant de flotte en une journée qu'une famille subsaharienne de douze enfants en trois m...
glou glou glou
Oué!
Yahou!
Plotch
Et je vous préviens, on ne mettra pas de chlore !!
Comme ça on pourra réutiliser l'eau pour arroser le jardin...
Ça s'appelle un compromis écologique.
Plof!
hihihi

Quand même, depuis le temps, tu devrais mettre du produit, ça commence à être plein de cochonneries là-dedans...
Mais nooon...
C'est des moisissures, c'est pas sale.
Kamehameha!
Papaaa! Papaa!!
Papa!! C'est quoi les trucs verts au fond de la piscine ??
Des moi-si-ssures!
Ah bon?
Eh ben il y a des "moisissures" qui ont essayé de manger Gabin.
Plic
Plic
Plic
aaaaaaaah!!
...Whouah! Trop bien!
Et le petit truc qui se tortille, là? ...
Snif...
Ça doit être un "cyclope" mâle, ils disent que les poissons adorent ça.
La Vie aquatique
Finalement, je suis pour.
On n'a pas si souvent l'occasion d'observer le biotope de l'eau croupie.

Batavus horribilis

J'ai un super chouette vélo "Batavus" qui vient direct d'Amsterdam.
150 euros, j'ai fait une putain d'affaire.
Je sais pas ce qui se passe...
... la roue arrière s'est désaxée, et depuis...
Mais pourquoi il a acheté ça le monsieur ?
ah lalalalalala
Pfff...
Je touche pas à ces trucs-là moi...
C'est des cochonneries avec le changement de vitesse dans le moyeu... ah la la la la la la...
C'est de la vraie merde ça...
Oui... Enfin non... C'est... C'est quand même super pratique en ville...
pfff...
Mes clients à moi, ils me demandent jamais ça.
ils te demandent jamais rien parce qu'ils ne savent pas que c'est utilisé par trois millions de Hollandais pauvre connard confit de certitudes de merde !!
Bon...
Tant pis...
Merci.
Ben oui.
La prochaine fois il achètera français.
Il sera pas en panne...

Plus de vélo depuis un mois, et 150 euros foutus en l'air.
J'étais déprimé.
On m'a donné une adresse dans une zone commerciale pourrie à l'autre bout de la ville.
Tapimoket
J'y suis allé sans conviction.
En fait c'était un atelier d'insertion, genre "Emmaüs"...
mm... C'est un vélo hollandais...
... Un truc "super économie solidaire"...
Oui... ça vaaaa... je sais...
J'ai eu super envie de partir.
Faut juste donner un tour de clé là...
...Démonter ça gentiment...
...Et resserrer ici... Voilà, c'est réparé.
Dans mes bras !!
Il nous doit rien.
... mais il va enlever ses mains par contre...
le vélo français
Si j'étais mesquin, je passerais exprès devant la boutique du monsieur qui vend des bons vélos bien de chez nous pour le narguer...
ha ha ha ha ha ha
Splotch
... Mais c'est pas mon genre.

Bienvenue au Kibboutz

Hier c'était trop bien à l'école, il y avait le slammer Mister BEE, tu dois pas connaître, c'est plutôt pour les jeunes, un peu comme la poésie à ton époque tu vois, mais le slam c'est trop bien...
Hugo
Milk
Depuis la rentrée, notre fils aîné fré-quente un genre de Kibboutz pour enfants.
...Tu peux parler de tes émotions, ou des trucs graves comme la pollution, la planète, le racisme, par exemple Saïma a fait un super slam sur Marvin, son lapin...
Hugo
Milk
C'est une école publique "Freinet" (si, si, ça existe) à 5 minutes de vélo de la maison.
...Et on a tous bien rigolé parce que, dans son slam sur le hibou, Baptiste a fait rimer "ululer" avec "enculé" et après Mister BEE est parti.
Hugo
Milk
Pas de notes, de l'expérimentation... Les gamins votent pour prendre des décisions...
...Et nous on a fait des recherches sur les cris des animaux à cause du slam de Baptiste: l'alouette qui turlute, la cigogne craquette, le lapin couine (Saïma était un peu déçue pour Marvin...)
Hugo
Milk
Un apprentissage de la citoyenneté, et une ouverture sur le monde, la culture...
Et l'aigle par exemple, tu sais comment on appelle le cri de l'aigle?
Il crie pas, il mange ses céréales, lui.
Sluurp...
Non, l'aigle "trompette".
Super.
Hugo
Milk
J'ai un an pour trouver une excuse béton et l'inscrire dans le privé à "Notre-Dame de la Sainte-Trinité".

Un film Gore

Hier soir, on était à la projection du film d'Al Gore.
... car le réchauffement climatique résulte de l'activité humaine, les preuves sont accablantes...
" Une vérité qui dérange."
... la fonte des glaces du Groenland et de l'Antarctique pourrait rehausser les océans de 7 mètres, engloutissant îles et zones côtières...
C'est le titre.
... Trois cent mille morts par an d'ici 25 ans, mille espèces disparues d'ici 2050...
Après un film pareil...
The end.
... il y a deux options possibles...
Option A.
Il faut sauver la planète ! On va tous mourir !
Réveillez vous
Le festival des arts de la rue a déjà commencé ?
Option B.
Cinema
Euh...
On rentre ?
Ouais...
gling gling
Bizarrement, on a choisi l'option B.

Quand je rentre de festival, c'est la fête...
Salut les petits loups!
Oh, Chéri! Tu arrives à point! Les enfants t'ont préparé une petite surpriiiise...
Oué! Papa!
Rhaaa! Mais qu'est-ce que c'est que ça?
gratt gratt
Bisou!
Hugo a attrapé des poux au Kibboutz et il les a donnés à Gabin...
Oh a des poux!
Oh a des poux!!
Oué!!
Ouaiiis...
C'est la fête...
PHYTOTHÉRAPIE
Cellulit
C'est un insecticide.
Eh bien, il y a ça.
Ra-di-cal.
mm...
Vous n'auriez rien de moins chimique?
intima
BRONZOR
ATTILA

Je vois.
Il y a "Calihou", un shampooing au vinaigre de potiron, trois shampooings par jour puis vous passez un peigne en acier pour enlever les lentes survivantes, mèche par mèche.
"Mèche par mèche"?
Je vais prendre le chimique...
— avec ou sans sac plastique?
Non seulement le "chimique" n'a pas tué les poux des enfants, mais maintenant toute la famille en a.
J'ai acheté le peigne en acier.
haha! J'en ai chopé un gros!
Oué!! Bravo papa!
On a retrouvé nos instincts de "chasseurs-cueilleurs."
Encore une victoire de l'écologie politique.

Faire le marché, c'est politique.
Il faut acheter en éco-consommateur responsable.
Boucherie
Finalement non… C'est trop gros…
Vous n'auriez pas plutôt du jambon blanc ?
… pas trop gras ?
Waf Waf
Shop
Pour lutter contre les camions sur les routes et du coup contre l'effet de serre, je consomme local.
Et j'mets pas du chimique, mon gars !
je vois ça…
Je fais super gaffe à la gestion des ressources naturelles
T'as vu, papa, le gros monsieur il vend des bébés poissons.
Promo.
haah ! c'est mal !
Je privilégie le bio à fond ! Ou au moins une agriculture respectueuse de l'environnement.
M'enfin Rachid ouvrez les yeux bonsang !! Des mangues au mois de mars !! Rachiiid !
Arrête, Monsieur, s'il té plait…
Prends lé fruit et va-t'en…
S'il té plait…
… C'est cadeau…

Ce sont des petits gestes concrets...
Ça, mon lapin, ce sont des "côtes de blettes". C'est pas bon, mais maman voulait qu'on en achète...
s'iil vous plait
j'ai faim !
... et très pédagogiques pour les enfants ...
On lui dira qu'on en a pas trouvé...
Ouais !
j'ai faim
Chacun fait comme il veut, mais quand même, je ne comprends pas les gens qui achètent et mangent n'importe quoi...
Presse
C'est pourtant pas compliqué...
Tiens ?!
Qui est-ce qui a acheté des saucisses-cocktail ?
Mondieu...
Plasma de porc...
Polyphosphates...
...Nitrites de sodium...
Ahem...
'sais pas...
... ça doit être ta mère ...
New York sur
04.05.07.
2.

Autoconstruction nocturne

Chéri...
mm mm...
Tu dors?
mm mm...
J'ai réfléchi à un truc...
mm mm...
J'aimerais beaucoup qu'on construise nous-mêmes notre maison... En murs de paille par exemple...
Bonne nuit!...
Plaf
Vlam
Maison bio magazine
Maison bio magazine
Maison bio
Maison bio magazine
Papier
Verre
Carton

On a inscrit le plus jeune à l'école maternelle de la cité, qui est juste à côté du "Kibboutz" d'Hugo.
école
C'était plus pratique.
Et puis on a trouvé ça vachement bien d'aller contre les préjugés habituels sur les "quartiers sensibles".
ole
Alors, Gabin, elle te plaît ta nouvelle école ?
Trop bien !
Y a des jeux et tout...
On s'est sentis vraiment de gauche, pas juste dans le discours...
Mais les trous, là...
C'est quoi ?
euh... C'est des enfants qui ont dû ...
... lancer des cailloux ...
Eh ben, ils ont dû les lancer drôôôlement fort les cailloux dis donc...
Viiiiite ! dans la voiture !!
et verrouillez les portières !
L'écologie politique c'est aussi agir à fond pour la mixité sociale.

El destrouctor !

Ce week-end, ma belle-soeur est venue nous voir et on a un peu picolé.
Moins de bruit les enfants s'il vous plaît...
kaméhaméha !!
Corsica
Maou !
Bonjour !!
Yé vous dérange pas ?
hum... Non non, entrez Monsieur Carpucci, je vous en prie...
On a un peu... fait la fête hier soir...
héhé
Yé été yeune moi aussi...
Excusez-nous, c'est le bazar...
Yahha !! Oué !
Moins fort par pitié...
Bonjour les enfants !
Dites bonjour à Monsieur Carpucci.
Sans hurler.
Bonjouuur Monsieur Crapoutchi !
hé hé, ils sont mignons...

Comment tou t'appelles toi déjà?
Moi?
Je suis "Kenji", le ninja assassin, et je vais te tuer Monsieur Crapoutchi!
ha ha ha!!
Tenez, il me reste des bonbons...
Ben quoi, j'ai rien dit.
Merci Monsieur Crapoutchi!
C'est très gentil...
Fallait pas...
Dé rien...
Yé vou qu'il y avait plein dé saloperies dé mauvaises herbes dans lé gravier...
Yé voulais poulvériser dou "Destrouctor" partout...
Mais yé veux pas vous déranger plouss, yé réviendraie démain...
Du "destructor"...
...Dans le gravier...
Trop gentil Monsieur Crapoutchi...
zzzz
ffritch
ffritch

En pente douce

Sortie gare Sud
Voie 3 à 5
T'as vu, ils ont fait des progrès à la gare…
Ils ont remplacé les escaliers par des pentes douces, comme ça tu peux accéder aux quais en vélo…
Oooh…
C'est tellement mignon cette naïveté écolo…
Je crois plutôt qu'ils ont fait ça pour les fauteuils roulants mon petit lapin…
ah ouaiiiis…
"le handicap priorité nationale"…
Tout ça…
Mouais.
Regardez bien autour de vous…
… je suis pas persuadée qu'ils ont viré les escaliers en pensant aux handicapés…
Crumble Club
Elle est déprimante ta soeur…
Rrrr
Rrrr
RRrr
RRR
RRR
RRrr
RRRRr
RRRr
RRrrr

Bon, je râle sur le "Kibboutz" de mon fils, mais je l'aime bien cette école Freinet...
Les parents s'y investissent, ça permet aux gamins de faire plein de trucs...
Nous sommes dans l'atelier où le papa de Mélissa fabrique ses marionnettes...
Dans ton cul !
Whouah
Trop bien
Bon, parfois je trouve que certains en font un poil trop...
atelier Musique
Tchiki Tchiki
Wouah
Trop fort ton père
C'est un peu à celu qui sera le plus cool, le plus pédago, le plus Freinet quoi...
C'est splendide ma chérie !
...Oui, Amaury a parfois du mal à résoudre les conflits par le langage...
...je comprends paaaarfaitement...
Ta mère la pute enculé !
Je trouve ça un peu ridicule cette compète.
Wouah !!
Trop la classe !
Trop bien !
Trop sympa le vélo de ton frère...
Mais ce matin, on les a tous niqués.

Super hérauts

Mes enfants sont les "hérauts" de l'écologie...
« Faites place nette pour la planète !! La pollution ? Faut la faire reculer Sinon mon pote on va se faire enc
Merci Hugo !
Dico Rime
Très beau slam !
Très fort !
...Des militants infatigables...
Nit Nit
Tuuuut
Tuit
haaan ! Papy il a mis la clim et il pollue la planèèèèète !
Papyyyy ♪ il pollue !
Papyyy ♫ il pollue !
Pouêt
Pouê
...Sans peur et sans reproches...
Eh ben mon papa il dit toujours que c'est complètement con de faire un feu de bois en brûlant des pneus...
...Attentifs...
Non merci, pas de sacs en plastique !
Snif
C'est mon bébé
...Vigilants...
Oué
Yaahaa
Ouéée !!
Mes enfants sont chiants.

La voie non lactée

Croyez-le ou pas, mais j'ai parfois des intuitions fulgurantes...
Tu savais que le lait de vache est super mauvais pour la santé ?
le lait c'est laid
Je vois super bien arriver les emmerdes par exemple.
Je vous jure, j'ai comme des flashs cosmiques...
Craac
humm... les bonnes crêpes au lait de riz !...
cronch cronch
humm... La bonne fondue savoyarde au tofu...
24th century boy
Zdoïng
C'est n'importe quoi !! L'espèce humaine a survécu grâce au lait !!
le lait c'est laid
Les hommes boivent du lait depuis des centaines de milliers d'années et ...
...ils s'entretuent aussi depuis des centaines de milliers d'années.
le lait c'est laid
...
le lait c'est laid.
Cronch Cronch Cronch Cronch Cronch Cronch Cronch Cronch
Eh ben...
...Je vais reprendre une petite crêpe moi...
Toc toc
J'ai des bonnes intuitions.
Mais pour la repartie, je suis une vraie merde.

Rongeurs d'une nuit d'été

Ce matin, j'ai croisé Monsieur Carpucci.
Ah bon ?
Oui.
ffff
Il voudrait qu'on vire le compost.
Ah bon?
Oui.
ffff
Il dit que ça attire les bêtes.
N'iiiiiimporte quoi.

Oui... mais non

C'est vrai.
J'ai distribué des tracts anti-OGM dans des sous-préfectures de Haute-Saône...
Grumf?
... Participé à des manifs contre les transports de déchets radicactifs...
C'était juste pour vous dire que le Paris-Bâle est déjà passé.
...ce matin.
...je dis ça, je dis rien...
NON AU NUCLÉAIRE
... Contribué aux grands débats de l'écologie politique...
Je propose qu'on vote à main levée pour décider ou non de voter à bulletins secrets...
qui est pour?
Les Verts
Cookies
... Et je suis toujours sensible aux projets alternatifs.
Eh bien...
Bonsoir.
Merci d'être venus si nombreux à cette table ronde sur "changer l'habitat pour changer le monde..."
Mais ma réponse est non.
On ne va pas acheter un poney pour faire une tonte plus écologique du jardin.
rrr rrr

La règle numéro 1

Règle N°1 : Ne jamais dire qu'on est écolo.
...Ça c'est une très bonne question !
Justement, je crois que le papa de Gabin s'intéresse beaucoup à l'environnement !
Il va sûrement pouvoir vous expliquer la reproduction des Méduses...
En particulier aux enfants.
Papaaaa !
Papaaa !
Pourquoi tu fumes si tu es écologiste ? La fumée ça pollue !
hein papa dis !
papaaa !
Tram
Après, on culpabilise, et on fait des trucs idiots...
euh...
Vous m'auscultez pas ?
mm mm...
... Comme essayer trois fois d'arrêter de fumer.
euh...
Vous me piquez ou pas ?
mm mm...
J'ai tenté différentes méthodes, plutôt "médecine douce."
Putaird'sa race de
mm mm...
Très bien.
À tout à l'heure.
Ça fait hyper mal sa saloperie d'aiguille !
Je peux même pas bouger la main pour l'appeler sur l'interphone...
L'acupuncture est assez efficace.
Je pourrai peut-être plus jamais dessiner...
Ou pire...
Je pourrai peut-être même plus attraper mon paquet de tabac...
Ça aide à gérer le stress.
J'ai envie de fumer une clope saloperie de chat !!
Promis ! Je dirai pas aux copines que ton mari maltraite les animaux...
Maou ?
Mais bon, le mieux c'est quand même de ne jamais dire qu'on est écolo.

Une grande famille

D'habitude, quand je prends le train, ça ressemble plutôt à ça :
Boum Boum Boum Boum Boum
Boum
Boum
Boum
Boum
c'est boô!
c'est trop boô!
Tuning Mag
Yaaa
Les enfants si vous ne finissez pas votre Mac Burger, moi je le jette...
Ouih
Ahem... Pardon madame.
Je crois que vous êtes assise à ma
hahaha!
Raconte-moi vite la fin de ton séjour, je crois qu'un jeune homme voudrait me parler après...
Bagnole Mag
...Ou parfois à ça :
Vous en faites pas, c'est juste un petit passage à vide...
Il y aura toujours des gens à contrôler...
Regardez, je suis là moi...
Snif...
Vous êtes gentil...
Dites...
.. ça vous ennuie si je poinçonne encore un petit coup votre billet?
Mais ce jour-là... C'était spécial...
Une ambiance recueillie et sereine...
Comme le début d'une nouvelle ère...
Un peu troublé...
Libération
Écologie
l'urgence climatique!
Couine
Couine
Couine
...je savourai cet instant de prise de conscience collective.
Devant l'immensité du défi environnemental, à l'échelle planétaire...
Eh ben dis donc... T'as lu cet article?
Non, c'est quoi?
...La grande famille des humains s'est enfin réunie.
Peugeot va enfin sortir un modèle de 4x4!
eh ben il était temps...
Bon, évidemment, c'est comme dans toutes les familles. Il y a toujours un beau-frère un peu pénible.

Lactea jacta est

On ne consomme plus de lait de vache depuis 6 mois.
Quai des Bulle
Ahem...
Chalut chérie...
...Non non... Rien de chpéchial... le fechtival che padle bien...
Toute la famille s'est bien adaptée.
Madaaame! Y'a Gabin qui mange mes croûtes de fromage!
Cromf Cromf Cromf Cromf
Et les résultats sont spectaculaires...
gratt gratt gratt gratt
C'est bizarre.
Je ne comprends pas pourquoi tu as encore ces boutons marronnasses avec des croûtes purulentes qui suintent...
Voilà!! c'est ce que je disais! Ça sert à rien!! C'est des conneries!
Je veux racheter du camembert plein de toxines!! Tout de suite!!
Supprimer le lait c'est bien, mais c'est pas suffisant : le seul vrai moyen d'éliminer tout ce qui est mauvais pour ton corps, c'est de tout cuisiner à la vapeur!
super.
merci David.
Tout à la vapeur?! Géniiaaal!
Même la viande?
Surtout la viande.
Finalement, prendre soin de son corps par une alimentation saine et naturelle, c'est pas si compliqué...
Mais arrêêêêête d'acheter ces cochonneries...
Pas de lait de vache.
Cuisson vapeur.
Su-per sain!
oué!
C'est juste une question de volonté.

Quelques jours d'automne en vacances au bord de l'océan.
Pendant quelques instants, une étrange sensation d'irréalité.
Tout est tellement apaisé...
Harmonieux...
Equilibré...
... Comme si nous avions brutalement basculé dans un autre monde ...
En fait, c'est limite flippant... On se croirait "presque à "Ecololand"...
Brrr Brrrr
Brrr
Brrr
Hûtres Plenec
SPLotch
rrr
rrr
...À un ou deux détails près...

Bobo or not bobo

haha
ha
Ouais...
Ils me font vraiment marrer les écolos...
hin hin
Ciné BlaBla
"Le bio c'est bien."
"La voiture c'est caca."
"Bouh... Le nucléaire ça me fait peur...
Gna Gna Gna...
hin hin hin
Ciné BlaBla
Rrrrrr
ha ha ha
... C'est vraiment des discours de petits bobos de merde...
ha ha ha...
you fuk'n talk to me?! Ahey
... petits bobos de merde...
Blam Blam!
John! Don't
Mais quel con ce type!
Rhha, je suis nul !!
Cinéma
J'ai aucune repartie!
Mais pourquoi je ne lui ai pas fait fermer sa grande gueule ?!?
N'importe quoi!
C'est pas parce que je suis écolo que je suis un bobo ...
Tapas
C'est vraiment l'argument ultime de merde pour dénigrer l'écologie...
Rien à foutre...
Ça me touche pas...

Meeeerde...
Ça se trouve, je suis un bobo...
Ben... T'es pas à l'abri...
Tu gagnes plus de 2000 euros par mois?
T'es con ou quoi? Je bosse pour Fluide.
Tu gagnes moins.
OK.
Pas bobo.
clic
bobo | Pas bobo
Je me déplace à vélo et je fais du compost dans le jardin...
Bobo!
Je vote écolo mais j'habite en ville... Et je fais de la bande dessinée...
Bobo à mort!
T'es déjà allé à une soirée VJ au Blauckhauss?
C'est quoi?
Pas bobo.
Tu t'habilles comme une merde et tu aimes les saucisses cocktail...
Pas bobo.
Et je n'ai pas non plus de portable Mac! ... Pas d'Ipod! et pas de téléphone mobile!
haha!
Et tu t'éclaires à la bougie aussi?
ha ha ha!!
J'y crois pas! haha!
Et en plus t'es sur PC?!
ha ha ha
Quel petit looser de merde!!

Crise de germanophilie

Ma première rencontre avec l'Allemagne, c'est France-RFA en 1982. Un vrai choc culturel.
ah lalala... Battiston est à terre... Son ami Platini lui prend la main... Putain d'salauds de boches
Oué! salauds
Et puis vinrent les années étudiantes, ouvertes sur le monde...
Wouah!... Viens voir Cyril...
Ils sont en train de péter le mur de Berlin.
Atteeeeends, je plonge dans mes mains là...
Puis l'engagement écologique et la découverte des Grünen, les Verts allemands.
...ils viennent encore de faire plus de 12% en Allemagne...
Mais pourquoi nous on n'y arrive pas?
...comprends pas...
On pourrait peut-être voter à bulletins secrets pour créer une commission mandatée pour analyser notre inertie politique?
Qui est pour?
Et mon merveilleux voyage à Franckfürt, la découverte d'une nation, d'un patrimoine et d'une culture éblouissante.
Das ist blablabla bla die nicht?
Qu'est-ce qu'il veut?
Il demande si tu peux "dédicace rapide"...
...Parce que après lui aller au cosplay "Naruto"!
Je me croyais réconcilié pour toujours avec nos amis... nos frères allemands. Et puis...
SHREIIIIII
... Et puis mon fils a découvert Tokio Hotel.

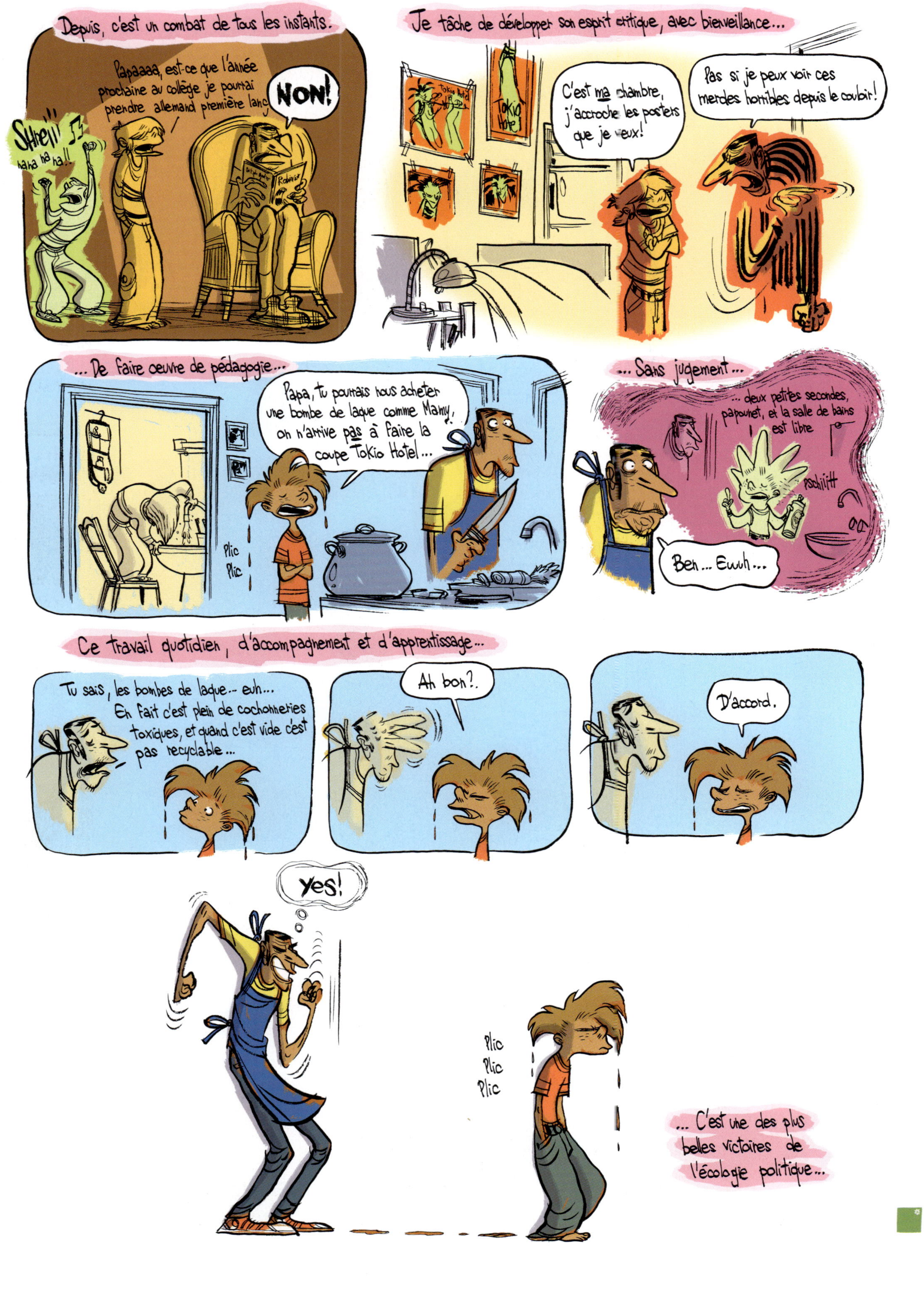

Depuis, c'est un combat de tous les instants.
Papaaaa, est-ce que l'année prochaine au collège je pourrai prendre allemand première lang
NON!
haha ha ha!!
Je tâche de développer son esprit critique, avec bienveillance...
Tokio Hotel
Tokio Hotel
C'est ma chambre, j'accroche les posters que je veux!
Pas si je peux voir ces merdes horribles depuis le couloir!
... De faire œuvre de pédagogie...
Papa, tu pourrais nous acheter une bombe de laque comme Mamy, on n'arrive pas à faire la coupe Tokio Hotel...
Plic Plic
... Sans jugement...
... deux petites secondes, papounet, et la salle de bains est libre
pschiiitt
Ben... Euuh...
Ce travail quotidien, d'accompagnement et d'apprentissage...
Tu sais, les bombes de laque... euh... En fait c'est plein de cochonneries toxiques, et quand c'est vide c'est pas recyclable...
Ah bon?.
D'accord.
yes!
Plic Plic Plic
... C'est une des plus belles victoires de l'écologie politique...

Petit bolide

Il faudrait amener la voiture au garage pour la vidange et tout le bazar...
mm mm...
Maintenant!
POK
Ouais eh ben t'as qu'à y aller toi-même moi je suis occupé !!
et toc!
Booonjour Monsieur !
'jour.
Je voudrais faire une révision de ma voiture, la vidange, ces trucs-là...
C'est un "Kangoo".
Bien sûr Monsieur.
Ici toutes les voitures sont les bienvenues.
Nous ne sommes pas là pour vous juger.
euh... oui...
Ben d'accord alors...
Furioso
Freins Baléo
Venez, allons voir ensemble votre ... "petit bolide".
J'aurai besoin des clés du véhicule.
ah ouais ouais bien sûr !
Ne vous inquiétez pas, tout va bien se p...
OH! Mondieuu!!
Ah oui...
hahaha ! J'avais oublié...

Co... Comment peut-on faire une chose pareille? C'est pas humain...
On a ça depuis le mois dernier...
Ne vous inquiétez pas Monsieur, tout va bien se passer...
Jean-Michel! Patrick!
Venez voir ça!!
ça doit être les gamins du quartier...
Ah la vache...
Les salauds...
On a eu du bol ils ont choisi une jolie couleur...
Freins Baléo
Robert! Mourad!
Venez vite!
Quand même, ça fait mal au coeur...
Vous inquiétez pas Monsieur, tout va s'arranger...
Ahem...
Non mais moi en fait je voudrais juste la vidange et tout ça...
ça fout les jetons...
Les fumiers...
Allez venez... Faut pas rester là monsieur...
mais...
Ne vous inquiétez pas...
Elle est solide...
Elle va s'en sortir...
Citroën
auto
...mais...
...mais...
Vlam
Je ne sais pas ce qui m'énerve le plus...
Garage Citroën
Je ne suis pas du tout inquiet!
Le prix que va me coûter cette connerie...
...ou mon incapacité à dire non.

30 millions d'amis...

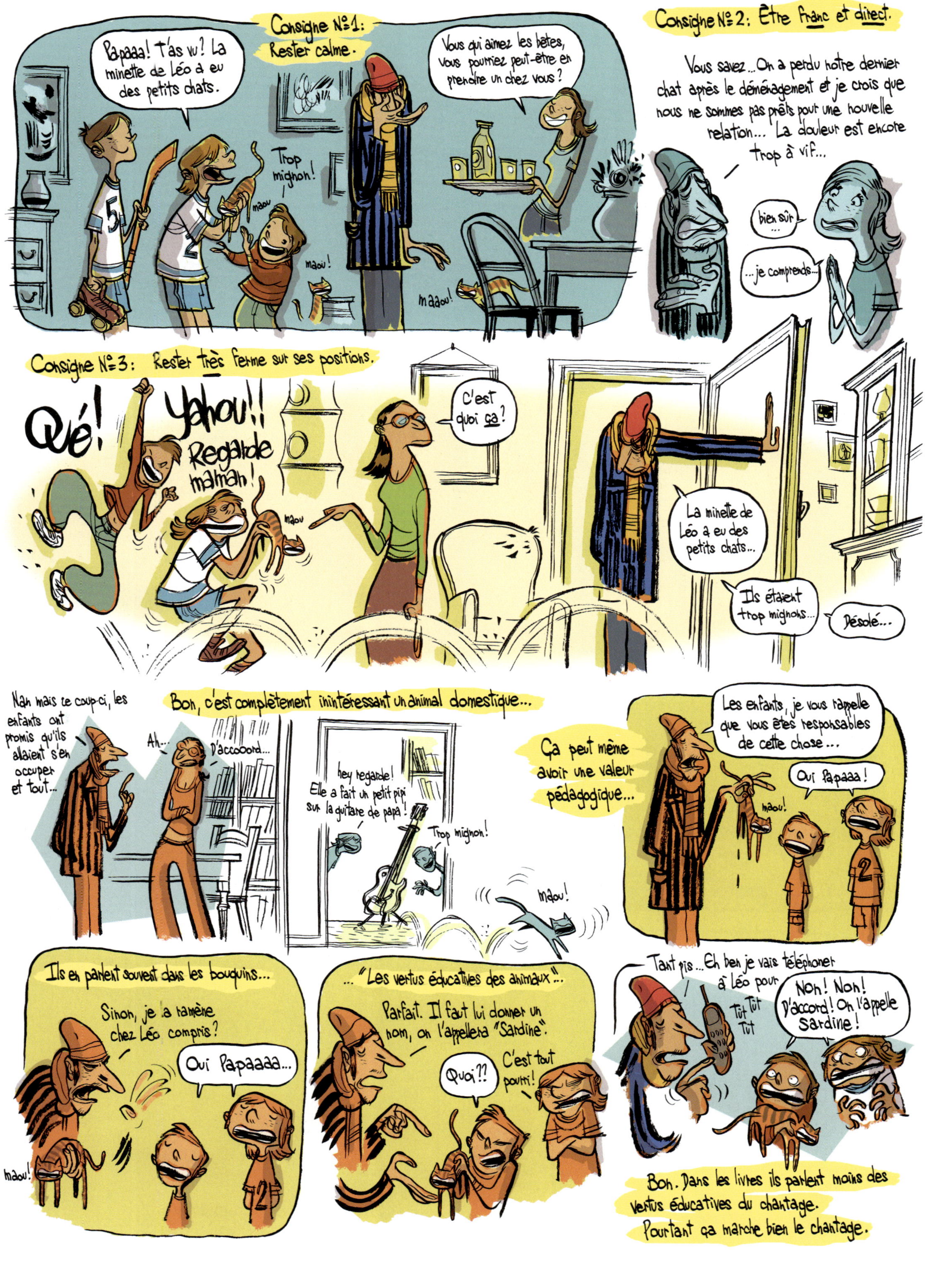
Consigne N°1 : Rester calme.
Papaaa ! T'as vu ? La minette de Léo a eu des petits chats.
Trop mignon !
maou
maou !
maaou !
Vous qui aimez les bêtes, vous pourriez peut-être en prendre un chez vous ?
Consigne N°2 : Être franc et direct.
Vous savez... On a perdu notre dernier chat après le déménagement et je crois que nous ne sommes pas prêts pour une nouvelle relation... La douleur est encore trop à vif...
bien sûr...
...je comprends...
Consigne N°3 : Rester très ferme sur ses positions.
Qué !
Yahou !! Regarde maman !
maou
C'est quoi ça ?
La minette de Léo a eu des petits chats...
Ils étaient trop mignons...
Désolé...
Nan mais ce coup-ci, les enfants ont promis qu'ils allaient s'en occuper et tout...
Ah...
D'accooord...
Bon, c'est complètement inintéressant un animal domestique...
hey regarde ! Elle a fait un petit pipi sur la guitare de papa !
Trop mignon !
maou !
Ça peut même avoir une valeur pédagogique...
Les enfants, je vous rappelle que vous êtes responsables de cette chose...
maou !
Oui Papaaa !
Ils en parlent souvent dans les bouquins...
Sinon, je la ramène chez Léo compris ?
Oui Papaaaa...
maou !
..."Les vertus éducatives des animaux"...
Parfait. Il faut lui donner un nom, on l'appellera "Sardine".
Quoi ?!
C'est tout pourri !
Tant pis... Eh ben je vais téléphoner à Léo pour
Tut Tut Tut
Non ! Non ! D'accord ! On l'appelle Sardine !
Bon. Dans les livres ils parlent moins des vertus éducatives du chantage.
Pourtant ça marche bien le chantage.

Les premières semaines avec Sardine furent ainsi de grands moments de bonheur...
Tu arrêtes de venir gratter à la porte de notre chambre !
Maou Maou Maou
Pigé ?!
... De complicité...
Saloperie de putain de merde de saloperie de chat...
Maou ?
... Presque d'amour...
Maou !
Une source de surprise sans cesse renouvelée.
T'as pas vu Sardine ?
Ben... Euh... Non... Elle jouait dans le jardin et...
Saaaardiiiine !
Saaaaardiiiine !
Sardine ?
Les animaux c'est bien, mais dans les livres ils parlent aussi des vertus éducatives des plantes...
Saaardine !
Saaaardine !
Saardine
quelle idée débile d'avoir appelé ce chat comme ça...
"... Inciter les enfants à jardiner"...
...les voisins vont croire que je vends du poisson...
Sardine ?
... À "observer les légumes à travers les saisons"...
Saaardine saaardine ?!
Bouhouhou
snif
Qu'est-ce qu'elle va devenir si on s'en va ?
snif...
Calmez-vous.
Papa est allé voir tous les voisins : ils vont continuer à la chercher pendant notre absence.
je veux pas partir en vacances sans saaardine ! Bouhouu...
Saloperie de putain de merde de saloperie de chat...
snif... c'est vrai maman ?
Oui, et comme c'est votre papa qui l'a bêtement laissée sortir, il téléphonera chaque jour des vacances à tous nos voisins pour savoir si l'un d'eux l'a retrouvée...
À l'avenir, on va plutôt privilégier le côté "jardinage éducatif". Quitte à adopter un plant de tomate.

Les cousins

Pendant nos vacances dans le Quercy, on est allés voir ma cousine.
Whouaaaah...
C'est super joli ici!
Tu voudrais pas regarder la carte plutôt?
J'ai l'impression qu'on est déjà passés par là...
Elle et son chéri, c'est des super écolos.
Les Cousins!!
Ça va?
Vous avez trouvé sans problème?
Super Fastoche!
C'est bien ce que je disais, on aurait dû tourner à droite avant le petit pont en bois...
Oué! On est arrivés!
Wouf Wouf
holalaaaaa!!! Qu'est-ce que c'est beau ici!
Ça vous plait?
Ah ouais, c'est chouette! Mais vous vous sentez pas un peu isolés ici?
Oh nooon, ça va... Il y a quand même la cabane du vieux Maurice qu'est pas trop loin, dans la forêt...
... Mais il est un peu "sauvage"... On le voit pas trop souvent...
Yahhaa!
Et vous vous entendez bien avec lui?
Qui ça? Le vieux Maurice?
haha
hihi
Ouaiiiis, ça va...
... Il a arrêté de jeter des pierres sur notre voiture...
...Mais vous ferez quand même gaffe en repartant ce soir...
Wouf
Wouf Wouf
... C'est son heure.

Je suis impressionné. Ils ont construit eux-mêmes leur maison bio-climatique.
Un boulot de fou.
Pendant les travaux, on dormait dans une caravane...
Ça allait...
Il fallait juste casser les stalactites de glace qui se formaient au-dessus des couchettes...
Whouah ! splendide !
Récupération de l'eau de pluie, panneaux photovoltaïques et matériaux sains...
... Et là, les toilettes sèches : hop, le caca dans la sciure, et zou, le tout dans le compost !
Wouhah ! génial !
De toute façon la première année on n'avait pas l'eau courante.
Tu vois, je viens boire mon thé ici tous les soirs pour regarder le soleil se coucher...
Whouah... Je revis...
C'est le paradis ici !
Les enfants !! On va y aller !!
Maman a bientôt fini son thé !
Sans blague, c'est une belle maison, où on se sent bien...
hiiihaan !
Ciao !
Rentrez bien !
Tuuut Tuuut
Au revoir !!
Encore merci !
Wouf Wouf Wouf
Wouah !
... Et ils ont fait tout ça eux-mêmes !
C'est gé-nial !
zzzzz
N'y pense même pas !
Mais quoi ! J'ai rien dit !
ouais ouais... c'est ça...
Regarde plutôt la carte, j'aimerais bien rentrer sans mauvaise surprise...
Voituuure...

C'est super chouette le Quercy...
...Il fait beau dix mois par an...
...C'est calme...
...Les maisons sont pas trop chères...
...Il y a une coop bio dans le village...
...Les enfants pourraient aller à l'école en vélo...
hihaan
...Finalement...
...Je me demande bien pourquoi on n'habite pas dans un endroit comme celui-là ??

Pute borgne !
Ça vous ennuierait de me déposer à la Mairie ?
Ma "4L" est en panne, et je dois rejoindre les copains à la manif contre le projet de festival culturel de mes couilles !
Ça y est.
Ça me revient maintenant.

Un instant de vérité

C'était un soir comme un autre...
bla bla bla bla bla
bla bla
Je croyais aller chercher des bières belges dans le frigo...
Pauvre de moi...
J'allais au-devant d'un point de non-retour dans mon existence...
Ce fut comme une... révélation...
Après toutes ces années militantes, il fallait se rendre à l'évidence.
J'étais incapable de répondre à ces trois questions fondamentales de l'écologie.
1. Faut-il vraiment enlever les putains de bouchons des bouteilles en plastique pour les recycler ?
2. Peut-on oui ou merde jeter les bouteilles d'huile avec les autres bouteilles en verre ?
3. Faut-il mettre à plat le papier dans ces saloperies de poubelles jaunes ??
Il me fallait des réponses.
Maintenant.
En langage technique ça s'appelle "affronter un instant de vérité."
Déterminé, je me suis approché de mon ami Pierre.
Il travaille pour les Verts à la Mairie.
Il saurait.
J'ai dit :
Pieeerre, j'ai un truc super important à te demander !
Attends une petite seconde...
...je finis...
Qu'est-ce que je disais ?
ah oui...
...Et là, du coup, on héberge à la maison depuis trois mois une famille de Tchétchènes avec quatre gamins...
Ça met de l'animation ha ha ha
Wouaah...
Ça doit être super chaud !
ha ha ha...
Alors, qu'est-ce que tu voulais me demander d'important ?
plic plic plic
ahem...
c'est des tchétchènes...
de quel coin ?...
bla bla bla
En langage technique, ça s'appelle "esquiver un grand moment de solitude..."

Des parents du Kibboutz ont créé une association pour porter un super projet.
...créer un collège Freinet à l'intérieur du collège du quartier, qui est en Zone d'Education Prioritaire.
Freinet
association
coopération
mixité
Total respect.
Je propose qu'on règle les trucs rapides tout de suite...
On vote pour le nom de l'association.
"Pour un collège expérimental", ça va à tout le monde ?
Ce serait un genre de Méga-Kibboutz...
Ben en fait, je me demande si "expérimental" ça ne risque pas de faire peur à l'académie ?
On ne pourrait pas changer ça ?
Avec de la mixité sociale à fond ! Un projet pédagogique et social, pour tous !
On s'était mis d'accord !
Ah pardon !
Vous et vous, vous étiez d'accord, mais moi j'ai toujours penché pour "collège innovant".
Ça veut rien dire "innovant".
Bon ben alors on revote.
À bulletins secrets ?
Attendez... Je relis les statuts...
...Je crois qu'on n'est pas assez nombreux pour que le vote soit valable.
La révolution est en marche.

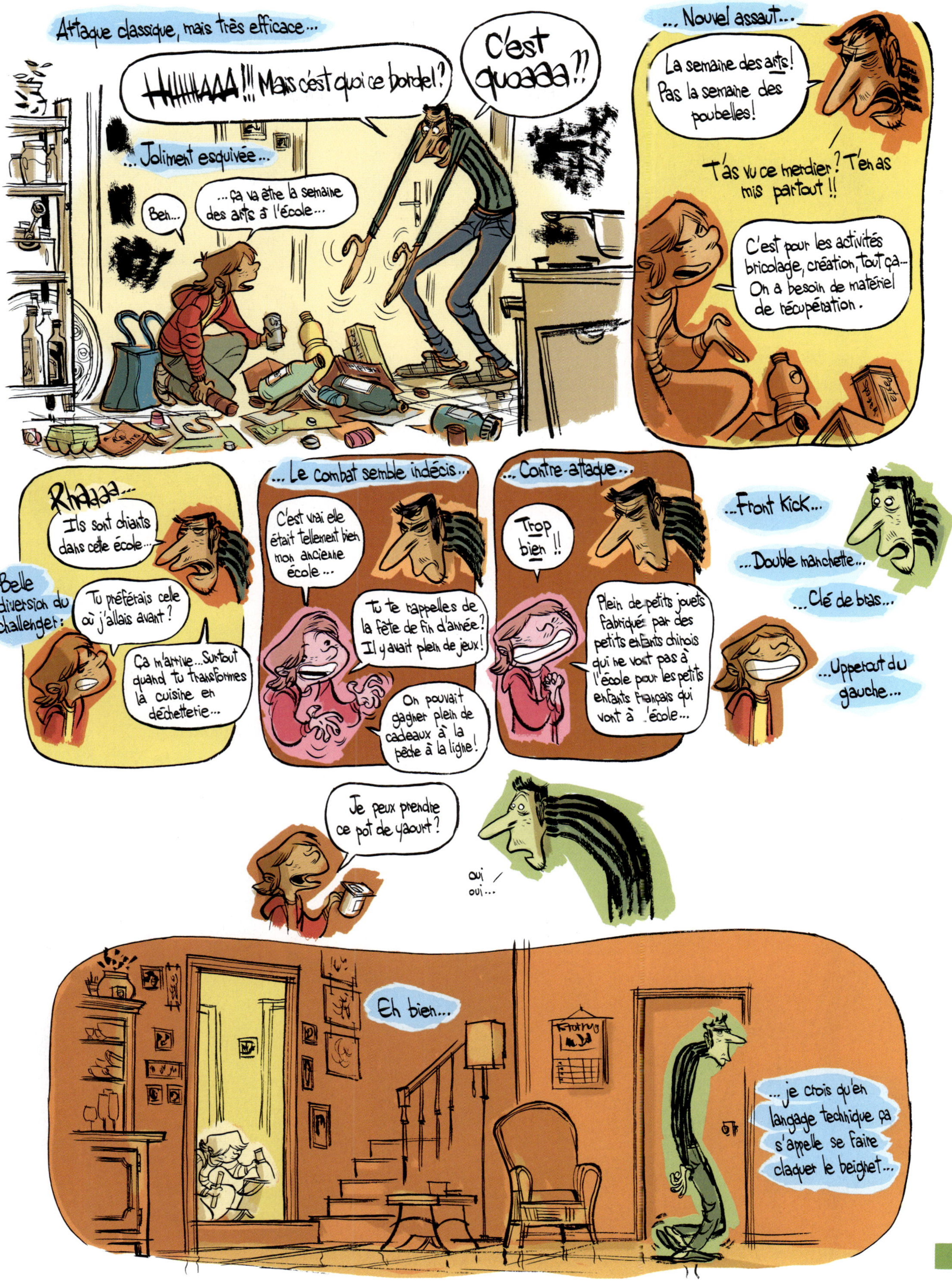
Attaque classique, mais très efficace...
HHHHAAA!!! Mais c'est quoi ce bordel?
C'est quoaaa?!
... Jolimment esquivée...
Ben...
... ça va être la semaine des arts à l'école...
... Nouvel assaut...
La semaine des arts! Pas la semaine des poubelles!
T'as vu ce merdier? T'en as mis partout!!
C'est pour les activités bricolage, création, tout ça... On a besoin de matériel de récupération.
Rhaaaa...
Ils sont chiants dans cette école...
Belle diversion du challenger:
Tu préférais celle où j'allais avant?
Ça m'arrive... Surtout quand tu transformes la cuisine en déchetterie...
... Le combat semble indécis...
C'est vrai elle était tellement bien mon ancienne école...
Tu te rappelles de la fête de fin d'année? Il y avait plein de jeux!
On pouvait gagner plein de cadeaux à la pêche à la ligne!
... Contre-attaque...
Trop bien!!
Plein de petits jouets fabriqués par des petits enfants chinois qui ne vont pas à l'école pour les petits enfants français qui vont à l'école...
... Front Kick...
... Double manchette...
... Clé de bras...
... Uppercut du gauche...
Je peux prendre ce pot de yaourt?
oui / oui...
Eh bien...
... je crois qu'en langage technique ça s'appelle se faire claquer le beignet...

Un choix politique

C'est peut-être une goutte d'eau par rapport aux pollutions pétro-chimiques ou agricoles...
... Mais nous au moins, on prend nos responsabilités à fond !
On fait de l'écologie de terrain ! À notre échelle !
Regarde : Tout le monde utilise des lessives pleines de phosphates ...
... Qui polluent la flotte et coûtent hyper cher en traitement des eaux...
...Eh ben nous, on est des éco-consommateurs !
On a décidé d'utiliser des Noix de lavage !
C'est un acte politique !
100% Naturel
Ouais Ouais... D'accord...
... Mais quand même...
...Ça laisse des traces la politique.

Mangue & Framboise

D'habitude, mon épouse va exclusivement à la coop bio.
Et moi je m'occupe plutôt du "côté obscur" des courses, au supermarché du coin.
Super U
Verre
Mais cette fois, elle m'a accompagné.
Alors tu vois, ça c'est un caddy.
Tu mets dedans tout ce que tu veux acheter.
huhuhu...
ghaghagha ghagha...
Super promo
Fais voir la liste...
Des framboises surgelées ??
Ben oui...
Ta mère en avait ramené plein de Bourgogne mais on a déjà tout mangé...
Et j'avais bien envie d'un sorbet à la mangue avec des framboises pour ce soir...
plats
fruits
sorbets
Mais c'est une hérésie!
Cyriil!
des framboises congelées!!
Ben quoi? Regarde, il y en a des pas chères...
Freeze fruit
C'est des framboises du Chili! Du Chiliiii!
ah oué...
Ben il y a aussi des framboises de Bretagne, mais c'est trois fois plus che–!
Breizh
framboises
ah...
Mmm... Quand ma mère traverse la France en bagnole pour nous amener des framboises, on les mange...
Absolument.
Là on prend des framboises du Chili mais on fait nos courses en vélo.
Ça compense...
Ok! Maintenant il nous faut de la glace à la mangue.
Yes!
Ah putain de merde...
Elles viennent de Madagascar les mangues...
Mamaan! C'est quoi le dessert?
Crêpe beurre sucre!
Oué!

Révolution

Dimanche après-midi, le festival de St Malo est terminé.
On a loupé la navette pour aller à la gare TGV.
Une bonne occasion de s'interroger sur nos modes de transport.
Vous avez remarqué qu'il y a vachement plus de gens en vélo partout ?
C'est chouette.
Crrr
Ouais, c'est génial ! À Paris ils roulent n'importe où et c'est encore plus le bordel qu'avant...
Rhaaaa, T'exagères...
Mais non ! C'est des gens qui n'ont jamais fait de vélo, du coup ils sont super dangereux.
Dans "Libé" ils disent qu'il y a déjà eu un mort depuis le lancement de Vélib.
pfff... Ils exagèrent.
Et dans "Libé", ils disent combien il y a eu de morts en scooter ou en bagnole pendant la même période ?
hein ?
haha !
Ça ils le disent pas dans "Libé" !
C'est pas le problème...
Les gens sont pas prêts, c'est tout.
Mais non !
Justement !
Avec Vélib, les vélos ne sont à personne et ils sont à tout le monde.
C'est la fin de la propriété !
La Révolution !
Crrrr
Quoi ?
Dis-lui toi...
Moi ça me fait de la peine...
Mais quoiii ?
À Paris, les gens ont commencé à mettre des cadenas sur les Vélib pour que personne d'autre qu'eux ne puisse les prendre...
J'entends pas !! J'entends pas !!
Le dialogue, le débat, la démocratie participative...
Tu vois, j'avais raison.
La ferme.
... C'est comme ça qu'on change le monde.

Oué
Yaahaa
Oue